RAPPORT

SUR LE

PRIX LA REINTY

Par M. Gabriel GRAVIER

ROUEN

IMPRIMERIE DE ESPÉRANCE CAGNIARD

rues Jeanne-Darc, 88, et des Basnage, 5.

—

1883

RAPPORT

SUR LE

PRIX LA REINTY

Par M. Gabriel GRAVIER

ROUEN

IMPRIMERIE DE ESPÉRANCE CAGNIARD

rues Jeanne-Darc, 88, et des Basnage, 5.

—

1883

RAPPORT

SUR LE

PRIX LA REINTY

MESSIEURS,

Nous connaissons peu l'histoire et la géographie de nos colonies.

Pour beaucoup, les grands noms de Champlain, de Brüe, de Belain d'Esnambuc, de Dupleix, de Cavelier de la Salle disent peu de chose; pour le grand nombre, ils ne disent rien. Et cependant, ces hommes ont planté notre drapeau dans les pays d'outre-mer, élargi l'horizon de notre commerce, de notre civilisation, de nos croyances.

Bacon plaçait la colonisation au premier rang des œuvres héroïques. Ses compatriotes ont pensé comme lui et se sont répandus dans l'univers. Aujourd'hui 200 millions d'hommes, occupant le sixième de la terre habitable, reconnaissent pour capitale la ville de Londres. Tout le monde sait que l'Angleterre doit à la colonisation sa situation politique et sa prospérité.

Nous nous consolons. Comment? En nous calomniant, car c'est nous, et nous seuls, qui disons : « Le Français n'est pas colonisateur. » Géographes et historiens, économistes et philosophes ont répondu cent fois en citant le Canada, la Louisiane, les Antilles, le Sénégal, l'Algérie, la Réunion, l'Inde, la Cochinchine. Qu'importe? nous ne sommes pas colonisateurs !

Nous avons perdu plusieurs de nos colonies, cela est trop vrai. Est-ce parce que nos colons ont manqué d'aptitude, de courage, de persévérance ou de patriotisme? Non. L'histoire ne laisse à cet égard aucun doute : c'est parce que nos gouvernants ont manqué de prévoyance et d'habileté. Les étrangers savent cela aussi bien que nous, peut-être mieux, et ne nous ménagent pas les éloges. Ecoutez ce qu'écrivait le colonel Malleson, un anglais : « On admire beaucoup et l'on cite souvent l'Angleterre pour avoir résolu ce grand problème de gouverner à quatre mille lieues de distance, avec quelques centaines d'employés civils et quelques milliers d'employés militaires, ses immenses possessions de l'Inde. S'il y a quelque nouveauté, quelque hardiesse et quelque génie politique dans cette idée, il faut reconnaître que l'honneur en revient à Dupleix, et que l'Angleterre, qui en recueille aujourd'hui le profit et la gloire, n'a eu qu'à suivre les voies que le génie de la France lui avait ouvertes. »

Ces paroles sont historiquement exactes. Il ne faut

donc pas dire, sous peine d'être à côté de la vérité : « Nous ne pouvions pas réussir, puisque nons n'avons pas réussi. » Et puis, malgré l'insuccès final, la colonisation française n'a pas été si malheureuse ni si stérile qu'on veut bien le supposer.

Ce n'est d'ailleurs pas d'aujourd'hui que l'on se méprend sur le rôle de la colonisation. Montesquieu, l'une des gloires de notre littérature, ne considérait-il pas la fondation de colonies comme une cause de dépopulation ? Les faits prouvent, au contraire, que la colonisation est le premier facteur de l'accroissement et de la prospérité des peuples.

Faut-il prouver que la population d'un pays peut s'augmenter à la faveur d'une émigration considérable ? nous n'avons qu'à regarder autour de nous. L'Angleterre a peuplé l'Amérique du Nord et l'Australie ; elle a envoyé en Afrique et aux Indes des milliers d'émigrants ; ses 12 millions d'habitants de 1780 sont devenus les 35 millions d'aujourd'hui. La Russie, qui s'étend silencieusement sur une moitié de l'Asie, a vu sa population s'élever, en 100 ans, de 25 millions à plus de 80 millions. L'Allemagne, qui fournit annuellement à l'émigration 2 à 300 mille hommes, double sa population en 50 ans, ce que nous ne faisons, nous, qui n'émigrons pas, que tous les 400 ou 465 ans.

Dans un siècle il y aura en Europe 100 millions d'Allemands, 70 millions d'Anglais et seulement 45 millions de Français.

Cette perspective donne à réfléchir.

La colonisation peut, dans une certaine mesure, remédier à ce mal. Que l'Etat la favorise, que l'on rentre dans la voie ouverte par les Normands, sous Charles V; que l'on reprenne les traditions de Richelieu et de Colbert, d'Henri IV et de Louis XIV; que les déshérités, les déclassés, ceux qui ne trouvent pas l'emploi de leur activité aillent aux colonies. Il y a place pour eux. Ils pourront y fonder des familles, faire fortune et servir le pays.

Si nous ne tirons pas de nos colonies tout le parti possible, c'est que nous en ignorons les richesses et les attraits. En provoquant, par la fondation d'un prix, des études sur notre France d'outre-mer, M. le baron de la Reinty a fait une œuvre patriotique; et l'Académie, au moment d'examiner les ouvrages qui lui sont soumis, croit devoir lui exprimer toute sa gratitude.

Ces ouvrages sont au nombre de quatre.

M. Martinet, capitaine d'infanterie de marine, à Pondichéry, en a envoyé trois : un sur la Guyane, qui ne rentre pas dans les limites du programme, et deux sur la Guadeloupe.

Appelé par ses fonctions à la Guadeloupe, M. Martinet a consacré ses loisirs à l'étude de cette île.

Selon lui, la Guadeloupe a beaucoup plus souffert des tremblements de terre que la Martinique. Bien qu'elle ait vaillamment supporté ses infortunes, une partie de son sol n'est pas encore fécondée par le travail. Elle a toujours été très française et cependant elle est négligée de la métropole. Malgré l'excellence du mouillage de la Pointe-à-Pitre, la marine marchande l'a déserté pour Fort-de-France, à ce point que nous recevons sous le nom de Martinique du café d'origine guadeloupéenne.

M. Martinet s'étonne que l'on ne fasse rien pour la Guadeloupe, plus grande que la Martinique, très fertile et sans le dangereux serpent trigonocéphale fer de lance. Pour réparer ce qu'il considère comme une injustice, il propose d'en augmenter les voies ferrées, de creuser la rivière Salée, canal large de 60 mètres et long de deux lieues, qui la coupe en deux parties à peu près égales, et de planter de vignes les monts rocailleux du petit archipel des Saintes.

Contre notre avis, M. Martinet peut avoir raison, mais il n'apporte aucune preuve à l'appui de ses affirmations et ne fait qu'effleurer le sujet.

Son second mémoire est une réponse aux observations présentées sur le premier par un membre de la Société des Etudes coloniales et maritimes. M. Martinet insiste de nouveau sur la canalisation de la rivière Salée; malheureusement il ne dit rien de la partie économique de son projet, rien des moyens d'exécution.

Les deux parties de l'île étaient séparées, il n'y a peut-être pas bien des siècles, par un large détroit. Là s'est formé un terrain d'alluvion, marécageux et en partie au-dessous du niveau de la mer. Les frais d'assèchement de ces terrains sont-ils justifiés par les besoins du commerce ou de la culture? M. Martinet ne le dit pas.

Le point capital du problème, c'est l'hydrographie de la baie de la Pointe-à-Pitre et de la baie du Nord. Il ne suffit pas en effet de rectifier le cours de la rivière Salée et de lui donner assez de profondeur pour qu'elle puisse porter les plus grands navires : il faut que ces navires puissent y entrer. Il conviendrait donc de relever les bancs madréporiques qui obstruent ses deux extrémités, de donner une idée des travaux qu'exigeraient le creusement, l'entretien et l'usage des chenaux. Cette grave question n'est pas effleurée.

M. Martinet apporte une idée : rien de plus, rien de moins. Mais cette idée est le fruit d'observations faites sur place. Elle peut appeler l'attention de l'administration et des colons ; l'extension de notre commerce maritime et le développement de la colonie en exigeront peut-être la réalisation. En tout état de choses, M. Martinet aura indiqué, avec conviction, un moyen d'accroître la richesse et le mouvement commercial de l'une de nos colonies. L'Académie est persuadée que les travaux de cette nature doivent être encouragés.

M. Paul Gaffarel, professeur à la Faculté des Lettres de Dijon, a publié un volume intitulé : *Les Colonies Françaises.*

Dans une remarquable introduction, il fait la philosophie et l'histoire générale de la colonisation française. Prenant ensuite nos colonies une à une, il en donne la bibliographie, l'histoire, la géographie physique, économique et politique. Il déroule ainsi sous nos yeux, avec autant d'élégance que d'érudition, sans rien dissimuler de nos succès et de nos fautes, l'une des plus glorieuses pages de notre histoire et le tableau de la France d'outre-mer. La partie relative aux Antilles, qui répond au programme de l'Académie, est traitée amplement.

Elle commence avec Pierre Belain d'Esnambuc,

« capitaine du roy dans les mers du Ponant, » enfant d'Allouville-Bellefosse.

En 1625, le sieur d'Esnambuc, pauvre cadet de Normandie, était sur un vaisseau du roi, cherchant fortune. A la situation précaire que des malheurs de famille lui faisaient dans son beau pays de Caux, il préférait d'audacieuses tentatives qui pouvaient tourner à sa gloire et à celle du pays. Peut-être pensait-il au vieux roi des Canaries qui dort, à quelques lieues d'Allouville, sous les dalles de l'église de Grainville-la-Teinturière.

Il commandait alors un brigantin monté par 35 hommes d'équipage. Un jour il aperçoit dans la baie des Caïmans, entre la Jamaïque et Cuba, un beau navire espagnol de 400 tonneaux et armé d'autant de canons qu'il y a d'hommes sur le brigantin. Notre Normand ne s'émeut pas de la disproportion des forces. Il engage le combat et le soutient avec acharnement pendant trois heures. C'est le combat du lion contre l'éléphant. Lorsque criblé de blessures, faisant eau de toutes parts, le pauvre petit navire est forcé de lâcher prise, le gros vaisseau ne pense même pas à le poursuivre. Esnambuc cherche au plus vite un abri pour le réparer. La fortune le sert à merveille, mieux qu'elle n'eût fait en lui livrant le navire espagnol.

Il arrive devant l'île de Saint-Christophe, que les Espagnols dédaignent parce qu'elle ne contient pas de mines d'or. Esnambuc reconnaît que le climat en est sain et le sol fertile ; que les côtes en sont accessibles aux navires. Il sait que, dans son pays, la sueur de l'homme, mêlée aux sucs de la terre, produit des pièces d'or. Dans l'espoir que le même phénomène se produira aux Antilles, il prend possession de la partie de Saint-Christophe qui n'est pas occupée par les Anglais. Son espoir se réalise et l'année suivante il revient en France avec une riche cargaison.

Avec l'autorisation et le concours financier du cardinal de Richelieu, il fonde une compagnie dont il est directeur et revient dans son île. Malgré les Anglais et les Espagnols, malgré les Caraïbes, vilains et dangereux voisins qui n'auraient pas demandé mieux que de mettre à la broche les Français, il la garde, la tient en paix, la civilise, la transforme. C'était une bien petite possession : 176 kilomètres carrés, moins de dix fois la superficie de Rouen, mais saine, boisée, féconde, couchée au pied du paisible volcan qui lui donna le jour. Ce volcan, haut sept fois et demie comme la flèche de la cathédrale, a maintenant pour seule mission de tirer des nuages qui passent l'eau nécessaire à l'alimentation de l'île.

En 1635, Liénard de l'Olive, lieutenant de Pierre d'Esnambuc, prend possession de la Guadeloupe.

La Guadeloupe et ses dépendances « Marie-Galante, la Désirade, les Saintes, Petite-Terre et Saint-Barthélemy » ont 1868 kilomètres carrés, un peu plus du tiers de la superficie de la Seine-Inférieure. En 1877, elle avait 183,253 habitants.

La Guadeloupe se compose de deux îles séparées par la rivière Salée : à l'Est, la Grande-Terre, qui est plate et de formation calcaire ; à l'ouest, la Basse-Terre, qui est montagneuse et de formation volcanique.

La Basse-Terre est traversée du nord au sud par une chaîne de montagnes d'où se détachent des chaînes secondaires qui forment de ravissantes vallées arrosées d'une foule de cours d'eau. Ces rivières, dit le P. du Tertre, « sont autant de petits Paradis, où tous les sens goustent innocemment les plus délicieux plaisirs, dont ils sont capables, dans leur pureté. »

De la masse de verdure qui pare les montagnes surgit, de place en place, un piton surmonté d'un panache de fumée. Cela explique les sources jaillissantes, les sources sulfureuses et la chaleur du sol.

La Soufrière élève à 1484 mètres son orgueilleux cratère et rejette incessamment une énorme quantité de soufre très fin. Ce soufre, nous pourrions le recueillir, mais nous préférons l'abandonner, sans doute pour avoir le plaisir de rester tributaires de la Sicile.

De la Guadeloupe à la Martinique la distance est petite; Belain d'Esnambuc la franchit et le 15 septembre 1635 il fait de la Martinique une possession française.

Cette île a 988 kilomètres carrés, environ les trois quarts de l'arrondissement de Rouen.

Elle est volcanique comme la Guadeloupe. Les tremblements de terre ont disloqué ses montagnes, creusé des précipices et des crevasses, mais elle est moins exposée aux ouragans que la Guadeloupe; son sol est fertile, et sa magnifique baie de Fort-de-France, la plus sûre des Antilles, l'une des plus belles du monde, lui assure un brillant avenir. Là s'arrêteront tous les navires qui passeront par le canal de Panama. Ses richesses forestières trouveront leur emploi, ses produits auront de faciles débouchés.

Dès le temps des Dyel du Parquet, successeurs de Pierre d'Esnambuc, tous les navires qui fréquentaient les Antilles venaient chercher un refuge dans les tranquilles et profondes eaux de Fort-de-France.

Au temps du P. du Tertre, il y avait à la Martinique 5,000 français ; il y a maintenant 162,000 habitants.

Le ciel des Antilles est le plus beau du monde. Celui de l'Italie, aux plus beaux jours d'été, peut seul en donner une idée. D'octobre à avril, à peine un nuage vient-il en ternir la pureté. Le jour est rafraîchi par une brise de mer, la nuit est adoucie par une brise de terre, et la température ne descend jamais au-dessous de 20 degrés. Les alizés soufflent avec une merveilleuse régularité. C'est le pays des belles forêts, des fraîches savanes, des abondants cours d'eau. La végétation ne connaît pas le repos, les arbres renouvellent sans cesse leurs fleurs et leurs fruits. C'est un éternel printemps. Dans ces arbres toujours parés, toujours chantent et voltigent l'oiseau mouche, le colibri, tous ces oiseaux d'une beauté merveilleuse, d'une richesse incomparable. Ajoutez à cela que le ciel déploie, à intervalles égaux, son éclatant azur et les splendides illuminations des étoiles, et vous comprendrez l'admiration, l'enthousiasme qu'inspirent aux voyageurs la Guadeloupe et la Martinique.

Il y a une ombre au tableau. La chaleur et l'humidité en se combinant altèrent les fibres, tant chez l'homme que chez les animaux, et portent à la paresse. Nos bois les plus durs ne résistent pas ; mais la prévoyante nature a pourvu ces climats de bois forts, serrés qui résistent parfaitement.

Il y a aussi des ouragans, des tremblements de terre et des raz de marée. Quand un ciel de plomb pèse sur la la terre, que les oiseaux rasent le sol avec épouvante, que le raz de marée, mur liquide mu d'une vitesse vertigineuse, frappe à coups redoublés sur la côte, que la mer mêle ses rugissements aux rugissements de la tempête, si le sol oscille, alors, comme le 8 février 1843, la terre ondule comme la mer, et 70 secondes suffisent pour détruire la plus belle ville des Antilles. Mais l'homme retrouve son ciel, ses champs féconds, ses riches forêts, ses chants d'oiseaux ; il oublie ses désastres, reprend courage et sur les ruines de sa belle ville il en élève une plus belle encore.

Tel est le pays, conquis par Belain d'Esnambuc. Ce vaillant homme se préparait à continuer son œuvre, quand la mort vint le surprendre, en décembre 1636, à Saint-Christophe.

C'était, dit Cochin, un héroïque marin que ce cadet de Normandie qui est le fondateur de la colonisation française aux Antilles. Assurément ; mais, comme tant d'autres, il tomba dans l'oubli. C'est seulement en 1862, le 9 septembre, 237 ans après la prise de possession de Saint-Christophe, qu'un modeste monument lui fut consacré, sur les instances de M. Pierre Margry, dans l'église d'Allouville-Bellefosse.

Son œuvre fut continuée par ses neveux Dyel du Parquet, du Pont, du Holde, Poincy. Aux îles conquises s'ajoutèrent successivement celles de la Tortue, de Saint-Barthélemy, partie de celle de Saint-Martin, les Grenadines, Sainte-Lucie, les Saintes et Marie-Galante. Notre marine est alors prépondérante dans la mer des Antilles et même dans le golfe du Mexique.

Cette prospérité s'évanouit sous Mazarin. Sous Colbert, les îles vendues à des particuliers sont rachetées par l'Etat. Les colonies subissent alors un fléau pire que les ouragans, pire que les raz de marée, pire que les tremblements de terre : ce fléau c'est la réglementation, la réglementation à outrance qui stérilise les efforts et entrave tout aussi bien la production que les transactions. Ainsi, défense aux colons de cultiver la terre pour leur propre alimentation qu'ils doivent recevoir de France ; défense de planter en canne à sucre plus d'une certaine surface ; défense de se procurer des objets qui n'auraient pas été fabriqués en France ; défense de se servir de numéraire. Le gouverneur et les employés ont pour traitement tant de livres de sucre et tant de livres de tabac. Ne se croirait-on pas au milieu de tribus africaines, à Yarkand ou dans l'île d'Yéso ? Mais la Compagnie est bonne mère : pour 60 livres de tabac, elle donne une aune de toile ; pour 750 livres, un baril de lard avarié dans lequel on trouve parfois un pied de cheval avec son fer.

Et cependant, ces hommes qui ne savent pas coloniser, dit-on, ne se découragent pas. Ils cultivent le sol avec ardeur et le défendent vaillamment. Ils se rendent même si redoutables que les Anglais, leurs éternels ennemis, disent d'eux : « Mieux vaut avoir affaire à

» deux diables qu'à un seul Français. » Ils avaient pour dire cela de bonnes raisons. N'avaient-ils pas vu Belain d'Esnambuc, avec 500 hommes blancs et noirs, faire reculer 6,000 anglais? N'ont-ils pas vu le capitaine Icard couler son navire pour fermer à Ruyter la passe de Fort-Royal? N'ont-ils pas vu prendre, par les corsaires de la colonie, un grand nombre de leurs navires? Ne verront-ils pas Victor Hugues, commandant de quelques centaines d'hommes, leur reprendre toutes nos îles? Oui, ces Français étaient de braves cœurs. Toutes les fois que le canon tonnait en Europe, l'Angleterre accourait sur eux pour satisfaire son avidité; toujours elle les trouva sur la rive, le mousquet au poing. Malgré les ordonnances qui les écrasaient, malgré l'abandon de la mère-patrie, ils restaient et voulaient rester Français, et quand ils tombaient, c'était comme Montcalm aux plaines d'Abraham, en faisant l'admiration du vainqueur.

Tant de persévérance et d'héroïsme méritent toutes nos sympathies. Et d'ailleurs, les colonies sont-elles pour nous une charge? Non. La Martinique nous coûte 3 millions par an et nous en verse 13 en droits de douane; la Guadeloupe nous coûte également 3 millions et nous en verse 9.

Cependant, comme le dit M. Paul Gaffarel, le régime économique de nos Antilles a toujours été mauvais. Malgré leurs réclamations et leurs protestations, nos colons n'ont obtenu qu'en 1866 le droit de trafiquer avec l'étranger.

Si nous n'avons plus que des débris de notre colonie

des Antilles, ces débris méritent tous nos soins. Reprenons aux Anglais les exemples que nous leur avons donnés. Dotons les colonies de l'outillage que réclame leur développement. Infusons leur du sang français et l'amour de la France. Veillons surtout, veillons bien, ostensiblement, sur les mulâtres. Ils sont très intelligents, très séduisants, très bienveillants, de mœurs gaies, faciles, mais ils sont ennemis nés des Blancs, et leur espoir est de faire comme leurs congénères d'Haïti. Encore une fois veillons, veillons bien, ou nous n'aurons travaillé que pour les Noirs que nous a vendus l'Afrique.

En résumé, l'œuvre de M. Paul Gaffarel est fortement étudiée, élégamment et consciencieusement écrite. Elle donne une idée juste de l'histoire, de l'aspect, de la situation économique et politique de notre colonie des Antilles.

L'Académie décerne à M. le capitaine Martinet une mention honorable, et à M. Paul Gaffarel le prix La Reinty.